CAMPAGNE

DE 40 JOURS.

A Versailles, de l'Imprimerie de Jacob,
place d'Armes, N°. 8.

CAMPAGNE DE 40 JOURS,

EN L'AN 8.

RELATION

EN PROSE ET EN VERS LIBRES,

ADRESSÉE

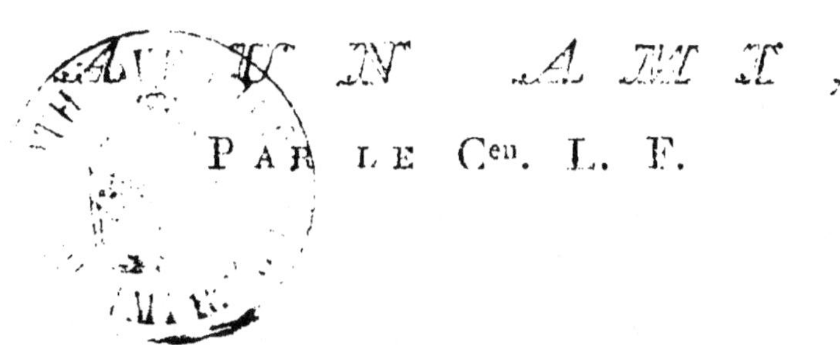

À UN AMI,

PAR LE C^{en}. L. F.

A PARIS,

Chez TAVERNIER, Libraire, rue du Bacq,
N°. 957.

RELATION

POLITIQUE, PHILOSOPHIQUE, MILITAIRE,
COMIQUE ET SÉRIEUSE,

DE MES CAMPAGNES

D'ITALIE,

*Depuis le 16 Floréal an 8, jusqu'à la
journée de Marengo.*

Le fameux *César* a écrit ses commen-
taires ; des généraux qui ne le valaient
pas, nous ont laissé des mémoires : moi,
qui vaux encore moins, et qui n'ai pas
l'honneur d'être général, j'ai pourtant une
campagne à décrire. Sévère postérité ! loin
de moi la présomption de t'offrir des confi-
dences ! Je n'en fais qu'à toi seul, mon

I

ami. Tels détails insipides pour l'histoire, sont intéressans pour l'amitié. Cette observation est la tienne ; et pour te prouver que je l'adopte, voici ma relation qui commence :

Le seize de ce joli mois,
Qui redonne aux oiseaux leurs amours et leurs voix,
Ce mois charmant où Flore à la nature
Rend sa fugitive parure,
D'un Hôpital (*), et du Palais des Rois,
Paris vit sortir à la fois,
Au signal bruyant de la guerre,
Deux hommes; l'un fameux, l'autre qui ne l'est guère.
Entr'eux le bizarre destin
Mit tant soit peu de différence.
L'un a quelque pouvoir en France :
Pour l'autre, son crédit n'est rien ;
Et, plus près du mal que du bien,
Glisse son obscure existence.
De l'un on vante le bonheur,
Et le génie et la valeur.
A l'honneur d'être un personnage.
Si le second ne prétend pas,
C'est qu'il se connait, avantage
Assez peu commun ici bas.

―――――――――――――――――――――――

(*) L'Auteur a son domicile aux Incurables.

Bref , l'homme fameux, le grand homme
Se devine aisément , je croi :
C'est *Bonaparte* qu'on le nomme ;
Et le pauvre diable , c'est moi.

Ce fût donc le même jour et presqu'à la même heure , que le premier Consul de la République française , et moi , quittâmes Paris pour joindre le quartier général de l'armée de réserve.

Qu'allais-tu faire à l'armée , vas-tu me dire ? Es-tu général , commissaire des guerres, fournisseur ? Ces messieurs, tu le sais, se partagent la gloire et la fortune , et l'on trouve rarement à glaner après eux. J'en conviens......

Mais, je ne suis ni militaire ,
Ni fournisseur , ni commissaire.
De fort loin je suis nos Guerriers.
Plutus me rit moins qu'à personne.
Enfin , mon cher , je ne moissonne
Ni des écus , ni des lauriers.

Chacun son goût, moi je n'aime point la guerre, c'est le plus horrible fléau attaché

à la pauvre espèce humaine. Le métier
de soldat, le premier de tous sans doute,
est pourtant celui que j'ambitionne le moins.

Non pas que je m'érige en censeur de la gloire :
Loin de moi le projet d'avilir la victoire ;
Et tant que les humains voudront s'entr'égorger,
Se bien battre est un art, il faut l'encourager ;
Mais, sans être un poltron, on peut haïr la guerre.
Dans la trop périlleuse et sanglante carrière
Que d'autres à leurs noms impriment de l'éclat,
J'y consens, j'applaudis, et je les laisse faire.
Mon ame, je le sens, est courageuse et fière,
Je n'en ferais pas moins un fort mauvais soldat.

L'homme qui pense ainsi, n'occupera pas
beaucoup la postérité : je m'en console.

Quant à la fortune, je laisse aux phi-
losophes, aux orateurs, aux poëtes, le plaisir de la dénigrer dans leurs phrases bien
arrondies. Ce plaisir là est un peu celui
du renard de *Lafontaine*.

Décrier ce que l'on n'a pas ,
Est par-tout chose assez commune.
Je puis mieux qu'un autre, en ce cas,
Déclamer contre la fortune.

Pourtant je sais m'en dispenser.
Quoi ! de l'or toujours la satyre !
Il est fort aisé d'en médire :
L'est-il autant de s'en passer ?
Une honnête et tranquille aisance,
Le charme de l'indépendance,
De cette noble liberté
Que cherche en vain la pauvreté :
Maison propre, femme jolie,
Société douce et choisie,
Plaisir d'obliger un ami,
D'offrir un généreux appui
Au mérite dans l'indigence :
Voilà, mon cher, de l'opulence
Ce qui me plait et plait à tous.
O vous ci-devant gueux ! ô vous
Dont on jalouse la fortune !
Pourquoi vous sait-on mauvais gré
D'avoir, un vol accéléré,
Fui loin de la caste commune ;
On a grand tort assurément.
Ah ! si chez vous, honnêtement,
La métamorphose s'est faite,
C'est avoir agi sagement,
Recevez-en mon compliment,
Et passez-moi votre recette.

La guerre et la fortune m'ont écarté de

mon chemin, j'y rentre : il faut bien dire
ce que je vais faire à l'armée. J'y suis, tu
vas en convenir, un personnage fort néces-
saire. Les gazettes n'en ont pas dit le mot.
Mais il est tant de choses importantes qu'on
leur prescrit d'oublier !

Tu sauras donc qu'en faveur de mes
longs services, de mon mérite authenti-
quement reconnu de toute la France, on
m'a nommé, constitué, établi DIRECTEUR
DE CORRESPONDANCE DU SERVICE DES
FOURRAGES DE L'ARMÉE DE RÉSERVE.

Tout cela ! vas-tu dire encore.
— Oui, tout cela, mon cher Monsieur.
— Le titre est imposant, sonore !
Combien vaut ce poste d'honneur ?
— Ce qu'il vaut ? ah, tu peux m'en croire :
On gagne, à ce noble métier,
Force pâtés. . . . . . d'encre bien noire,
Et des rognures de papier.

Je pars enfin. . . . . Pour ne pas allarmer
la tranquillité publique, me vois-tu sans
escorte, sans valets, gagnant. *incognito,*
la voiture du courrier, et allant d'une

traite de Paris à Lyon. Quoi ! cent lieues
sans une aventure !

Non , mon ami , je te le jure ,
Pas la plus légère aventure,
Pour me ranger à l'unisson
De maint voyageur de renom,
Je devrais en forger quelqu'une ,
Conter par quel coup de fortune
Je fus dans ma course arrété :
Mentir est par fois très-utile ,
C'est sur-tout chose si facile !
Mais j'aime en tout la vérité.

Nous n'avions pas fait deux postes, que
je dormais profondément. Dormir en route,
est pour moi une bien douce jouissance.
Cette fois-ci, j'en ai l'obligation à mon
compagnon de voyage, vieux routier, bas-
normand, qui s'avise de me conter l'histoire de sa vie. C'est le vrai courrier aux
accidens. Il a été arrété trois fois sur la
route où nous sommes. Dieu veuille, dis-
je à part moi, qu'il ne le soit pas une qua-
trième ! Mon homme toujours narrant, moi
toujours dormant, nous quittons la forét

de Fontainebleau. Tout-à-coup il se lasse
de parler tout seul.

Dans un profond sommeil j'étais enseveli ,
 Soudain par le bras il me tire :
  — Monsieur, me dit-il , c'est ici
 L'endroit que je voulais vous dire :
  Ce fut un soir de l'autre été,
  Qu'ici je me vis arrété.
— Arrété , répondis-je , et m'éveillant à peine ;
Par combien de voleurs ? — Au moins une vingtaine ,
Jurant, et tous en joue à deux pas me couchant.
— Et vous de leur offrir poliment votre argent ?
— Je n'en eus pas la peine , ils surent me le prendre :
D'abord de ma voiture il me fallut descendre ,
Puis, dans un tour de main , je fus dépouillé nu ,
A la chemise près , dont ils n'ont pas voulu.
La chose faite , allons , remonte en diligence ,
Coquin , me dirent-ils , et voici ta quittance.
— Bon ! et quelle quittance ? — Un coup de pied au cú.
  — Sans façon vous l'avez reçu ?
  — Parbleu , fut-on assez honnéte
 Pour me demander mon avis ?
 Muet et sans tourner la téte ,
  Ce qu'on me donna , je le pris ;
 Fort heureux , en pareille féte ,
  De leur échapper à ce prix.
— Ce soir , attendez-vous encor qu'on vous arréte ?
— Non ma foi ! — Non , je dors. . . et je me rendormis.

Nous voici à Lyon. . . . Non, je me trompe, c'est à Moulins. Le courrier y dîne, moi aussi. On sait que Moulins est une des villes de France où on fait le mieux les rasoirs, les canifs et les couteaux. On sait aussi qu'on ne peut s'y montrer sans être assiégé par un bataillon de marchands et de marchandes dont il n'est pas aisé de se défaire.

A propos de marchandes, voyageurs qui passez à Moulins , ne manquez pas d'y demander *Rose*.

Elle a seize ans : sur son visage
Brille la fleur de la santé.
Que de graces, de volupté ,
Dans son souris, dans son corsage !
Air à la fois doux et malin ,
Pudeur qui d'un rien s'effarouche ,
Mais qui se rassure d'un rien :
Fraîcheur exquise sur sa bouche ,
Menton joli , nez fait au tour,
Deux grands yeux bleus, peau blanche et fine ,
T.... s arrondis par l'amour ,
Que le fichu presse et dessine ,
C'est *Rose*. Telle je la vis,

S'avançant vers moi d'un pas leste,
Etaler à mes yeux surpris,
D'un air sémillant et modeste,
Tous les bijoux d'un coutelier,
Et m'engager à faire emplette.
C'était *Vénus*, ou *Recamier* (*)
Sous les habits d'une grisette.

Comment trouvez-vous mon portrait?
Soupçonnez-vous que j'en impose?
Allez à Moulins voir la chose:
Pareil voyage est bientôt fait.
Si vous repartez sans regret,
C'est que vous n'aurez pas vu *Rose*.

Je lui pris des rasoirs, je lui pris des canifs, je lui pris des couteaux, que lui pris-je encore?....

J'allais ainsi toujours prenant, lorsque... « Allons monsieur, vite en voiture ».... — « Au diable ce maudit courrier! un moment, » — « un moment!....Il n'y a pas de moment pour un courrier de dépêches. Le postillon est à cheval,

---

(*) Si l'on connaît Paris, on connaît mad.me R......

je pars ». — « Adieu, *Rose*, adieu, pensez un peu à moi, je ne vous oublierai de ma vie. »

J'étais triste en quittant Moulins, je le devins davantage en approchant de Lyon, mais ce fût pour une autre cause. Malheureuse cité !

> Couverte d'un crêpe funèbre,
> Par tous les arts du luxe autrefois si célèbre,
> Qu'offres-tu maintenant ? de lugubres débris,
> Des souvenirs épouvantables,
> Et des ruines lamentables,
> Qu'arrosent de leurs pleurs tes enfans appauvris !

Sortons de Lyon au plus vite. L'atmosphère qui l'environne va me donner du noir pour huit jours. L'entrepreneur *Richard* mène son monde à Genève en vingt-quatre heures, à ce qu'il dit : je lui en donne trente. Sa voiture est à deux places. Il en reste une pour moi. Me voilà parti.

On s'arrête après douze heures de marche. Où sommes-nous ? au Pont d'Ain. Il est minuit, c'est à cette heure-là qu'on soupe, quand on est voituré par monsieur *Richard*. Madame *Poterne*, l'aubergiste, sert des truites excellentes. Je la recommande à mes amis. Madame *Poterne* est une femme de cinq pieds et demi, grosse et large en proportion. Cette stature colossale est surmontée de la plus jolie petite tête que j'aie vue de ma vie. Mais, que vous importent et la taille et la tête de madame *Poterne*? mangez de ses truites : c'est ce qu'elle a de mieux.

« Holà ! que met-on dans la voiture, monsieur le conducteur ? si ces paquets doivent y entrer, il nous faudra monter derrière ». . . . . — « Messieurs, pas d'inquiétude, vous serez dedans et les paquets aussi. C'est une proclamation que le préfet de Macon envoye à Genève. Ça ne se refuse pas ».

> De vingt énormes paquets
> Dans la voiture flanqués,
> Devant, à côté, derrière ;
> Ne recevant la lumière
> Que par un trou prolongé

Sur la perpendiculaire,
Et, comme une meurtrière,
Dans un rempart ménagé :
Sans respect donnant au diable
Et le préfet de Mâcon,
Et sa proclamation
Dont l'épaisseur nous accable :
Resserrés, mal respirant,
Nous jurons à perdre haleine,
Si bien que, toujours jurant,
A Genève l'on nous mène.

Avant d'arriver à Genève, on passe au Fort de l'Écluse. Quand on passe au Fort de l'Écluse, on rencontre quinze à vingt marmots, ci-devant savoyards, et maintenant français, qui vous invitent à a'ler voir la *Perte* du Rhône. Jugez si ma curiosité se réveilla.

Nous voilà, moi et mon compagnon de voyage, poussant devant nous le mur de proclamations; il cède à nos efforts redoublés; les paquets désunis bondissent sur le dos du conducteur, et vont s'enchasser dans la boue, au beau milieu du chemin. Le

conducteur jure : mais nous sommes déjà au
bas de la montagne, gagnant le pont de
bois construit sur le fleuve.

On le voit arriver à flots précipités :
    Contre les rocs ces flots heurtés,
    Reculent, bouillonnent, blanchissent.
Du fracas de ce choc tous les échos frémissent.
Bientôt plus furieux, revenus en torrent,
    L'œil effrayé les suit à peine :
    Quel Dieu les pousse et les entraine
    Vers l'abyme qui les attend !
Là ce long amas d'eaux, là ce fleuve qui gronde
S'est creusé sous le roc une voûte profonde.
Le Rhône tout entier, dans le gouffre entr'ouvert,
En écumant mugit, tourbillonne et se perd.

A environ cent pas plus loin, le
fleuve reparaît, coule tranquillement et
va faire tourner un moulin à la distance
d'une portée de fusil. Si l'on en croit les
historiens du lieu, on a souvent jetté dans
le gouffre des cadavres d'animaux, d'énor-
mes massifs de bois : rien n'a reparu
de l'autre côté. On dit encore que le rocher
sous lequel roule le fleuve, est totalement
creux, et qu'on y peut descendre. On dit

encore...... J'invite les curieux à aller vérifier les *on dit.*

J'entre à Genève. Je m'habille et je me présente à monsieur N...... qui me reçoit fort bien. Tu le connais :

> Sous un visage un peu sévère,
> Il cache un noble caractère.
> Il est franc, il est généreux,
> Et gai sous un air sérieux.
> S'il a peu fait pour sa fortune,
> C'est qu'il fuit la route commune,
> C'est qu'il a le grand tort de n'être point rampant.
> Trop fier pour que jamais sa loyauté fléchisse,
> Trop désintéressé, point du tout intrigant,
>   Comment veux-tu qu'il s'enrichisse ?

On le dit fort galant près du beau sexe. Je le croirais assez : n'est-ce pas le premier plaisir des cœurs bien organisés ?

> Avec les hommes, droit, sincère ;
> Par les femmes assez fêté,
> Il a ce qu'il faut pour leur plaire,
> Adresse, vigueur et gaîté.

Bien qu'en amour on lui soupçonne
Un peu trop de témérité,
Ne sait-on pas que la beauté,
Si c'est un défaut, le pardonne.

On connait Genève, je n'en ferai point la description. Les Genevois ne nous aiment guères, chose assez peu surprenante ; ils étaient indépendans, nous les avons faits Français. Mais vous, Mesdames, pourquoi partager cette antipathie politique? voyez si les Françaises vous donnent un pareil exemple. . . . .

Ce travers leur passera-t-il ? souhaitez-le, messieurs les amateurs : car je n'ai vu nulle part, un plus grand nombre de jolies femmes.

Ailleurs on chercherait en vain
Teint plus frais, bouche plus vermeille.
C'est-là que l'on voit par essaim,
En ville, au spectacle, à la Treille (*),
Minois charmans, beautés sans fard,
Sans luxe aucun, mais non sans art.

(*) Promenade de Genève.

Aussi de la moins riche toile
L'élégante simplicité,
Y dessine avec volupté
Les contours naissans qu'elle voile.
Ces charmans visages, dit-on,
N'ont qu'une fraîcheur passagère (*),
Telle la rose printanière
S'élance à peine du bouton,
A peine est-elle en floraison,
Qu'elle perd sa beauté première.
Un instant la voit s'entrouvrir :
L'instant qui suit, la voit mourir.

Un peu plutôt, un peu plus tard, c'est le sort commun des choses humaines, grandes ou jolies. Tout s'efface, tout dégénère, tout change. L'habitation de *J.-Jacques* est occupée par un barbier ; un portier couche dans le lit de *Voltaire*. Vous devinez que j'ai vu Ferney,

Le château commence à tomber en ruines. Le propriétaire actuel est le fils de l'ancien possesseur de qui *Voltaire* acheta le terrain

____

(*) On remarque en effet que les beautés genevoises se fanent de bonne heure.

qu'il embellit et qu'il peupla. Rien n'est changé dans l'intérieur de la maison ; la chambre à coucher est absolument ce qu'elle était du vivant du grand homme. Elle est petite , modeste et n'a qu'une croisée sur le jardin ; un simple papier verd la décore ; on y remarque les portraits de *Voltaire* , de *Fréderic* , et de madame *Duchâtelet* , celui d'un petit savoyard que *Voltaire* affectionnait beaucoup , celui de sa bonne , et enfin le portrait de *Lekain* dans le lit.

> Quand d'un pas silencieux
> Je pénétrai cette enceinte ,
> Je me sentis l'ame atteinte
> D'un respect religieux.
> « Ici, me dis-je , un grand homme ,
> Digne d'Athène et de Rome ,
> Conçut ces nombreux écrits ,
> Et ces immortels ouvrages
> Délices de tous les âges ,
> Comme de tous les esprits ! »

Le lit est de soie verd-pomme , rideaux de même couleur. Le concierge qui y couche , est gros et gras. Je ne puis rien dire de mieux du successeur de *Voltaire*. Ce qu'il se permet toutes les nuits, j'osai me le permettre pendant quelques minutes : je veux dire que je me couchai un moment sur le lit de son illustre devancier.

> Assis sur le trépied sacré,
> Tel, jadis, le prêtre inspiré,
> Les bras tendus, hors de lui même,
> Les yeux hagards, et le teint blême,
> Annonçait au peuple attéré
> Des dieux la volonté suprême.

O l'heureux tems que celui des miracles ! Il ne s'en fait plus. J'eus beau m'agiter, et attendre l'inspiration sacrée :

> Couché sur le lit de *Voltaire*,
> J'invoquai son génie, ah ! ce fut vainement.
> Le dieu fut sourd à ma prière,
> Et je me relevai, sot comme auparavant.

Quand on suit *Bonaparte*, on ne s'arrête pas long-tems au même lieu. Le surlendemain de mon arrivée à Genève, j'étais sur la route de Lausanne.

C'est un pays bien romantique que ce pays de Vaud ! Quel tableau magique présente l'amphithéâtre parsemé de prairies, de vignobles, de moissons, qui descend du pied du Jura jusqu'au bord du Lac, et suit toute l'étendue de ce réservoir immense ! Quel contraste avec le sombre aspect des montagnes de Savoie, qui bordent l'autre rive, de ces masses imposantes, surmontées du majestueux Mont-Blanc, qui semble poser sa base sur leurs cimes !

Ah ! *Rousseau*, qu'est devenu ce tems où le plus ardent de mes vœux était d'aller relire les lettres brûlantes de *St.-Preux* et de *Julie*, aux lieux mêmes qui les avaient inspirées !

Pourquoi n'ai-je plus dix-huit ans ?
Dans quelle joie et quelle ivresse
J'eusse été visiter *Clarens* !
Alors j'avais une maîtresse ;
O le bon tems, le tems heureux
Où dans mon délire amoureux,
Nouveau *St.-Preux*, à ma *Julie*

Je prodiguais des traits charmans !
Esprit , vertus, mille agrémens,
Je trouvais tout dans mon amie !
Qu'avait-elle, de tout cela ?
Ah ! bien peu de chose, sans doute.
Mais c'est surtout en ce cas là ,
Qu'on dit : heureux qui n'y voit goutte.

A dix-huit ans , qu'aurais-je voulu dans le pays de Vaud ? Ce que les feuillans disaient de leur constitution, je le répétais de ma *Julie*, du matin au soir : une maîtresse, toute une maîtresse, et rien qu'une maîtresse !

Mais, aujourd'hui que j'en ai trente,
Je dis : que n'ai-je en ce pays
Quelques milliers d'écus de rente
Sur de bons arpens bien assis ;
Sans jamais lorgner mes amis ,
Femme qui de moi se contente ;
Vins du bon crû, joyeux voisins,
Et des enfans qui soient les miens !

Ce rêve-ci vaut bien l'autre peut-être : à la bonne heure. Je continue ma route.

Qui ne connaît pas et Lausanne et Vevay ?

ô le bon et le mauvais pays ! a dit Boufflers ,
après avoir remarqué qu'on n'y voyait que des
jolies femmes , et pas une catin. Patience ,
monsieur le Chevalier ; nos Français tra-
vaillent à en faire le meilleur pays du
monde.

Adieu, Paysages charmans ! adieu, Nature
riante et fraîche ! Je vous quitte pour m'en-
foncer dans les sombres vallées des Alpes.

Ici vous vous attendez à une description ;
vous n'en aurez pas. Tant de gens ont décrit :

Et ces rocs décharnés , et ces monts sourcilleux
 Qui se perdent dans les nuages :
 De la terre ossemens hideux ,
 Ou monumens majestueux
Des bouleversemens , des antiques ravages,
Dont *Buffon* a tracé le tableau curieux :
 Tableau sublime et magnifique ,
 Mais , jusqu'à la satiété ,
 Dans maint écrit philosophique
 Et dans vingt romans répété.

Ciel ! où suis-je ? La fée *Urgèle* , ou le
ballon de *Garnerin* m'ont-ils transporté tout-
à-coup au milieu des sauvages du Groenland ?

Quels hommes ! quelles femmes ! ô les horribles figures ! Si je croyais au diable, je
dirais qu'il s'est pris de belle passion pour
la femelle d'un Makake ; qu'il lui plut ou
qu'il la viola ; et que ce rapprochement nous
a donné la jolie race qui peuple cette gorge,
et sur-tout les citoyens de St.-Brancher.

> Ici la nature marâtre
> Produit des êtres rabougris.
> Corps difformes, faibles esprits,
> Œil effaré, couleur noirâtre,
> Goîtres livides, dégoutans,
> C'est ce qu'offre cette vallée
> Que nos soldats croyaient peuplée
> De guenons et d'Ourang-outans.

Maîtresses qu'on néglige, et vous, chastes épouses ;
A bon droit d'un amant, ou d'un mari jalouses,
> Voulez-vous bien les corriger ?
> Reléguez-les à St.-Blancher.

Parmi ces êtres hideux, hébétés, il en est
de plus hideux, de plus hébétés encore ; on
les appelle *Cretins*. Ils sont en grande vénération dans le pays. Une famille où il n'y
en a pas, se regarde comme abandonnée du
ciel. Préjugé respectable qui assure à ces

malheureux les égards et les attentions que l'humanité prescrit , mais qu'elle n'obtient pas toujours.

On attribue les goîtres aux eaux de neige. Moi, qui en ai bu ma bonne part, je me tatais le cou tous les matins , croyant voir poindre une ou deux de ces breloques qui font le plus bel effet du monde.

Hélas ! Messieurs , plaignez-vous, depuis notre entrée dans le Valais , jusqu'à la journée de Marengo , plus de bons lits , encore moins de bons diners. Du pain de munition, du biscuit, du vin détestable et le plus souvent de l'eau. Pour la nuit, une grange , un grenier , quelquefois le coin d'une cour , ou les bords d'un chemin : voilà les douceurs que nous partageâmes avec l'armée.

Hâtons-nous de monter le St.-Bernard. *Bonaparte* est pressé. Il a un coup de jarnac à faire : c'est son mot.

Partie à mulet, partie à pied, au milieu des neiges , longeant de près les précipices

et les torrens , j'arrive enfin à ce couvent
célèbre dont les solitaires habitans n'avaient
jamais vu passer d'armée là.

Des frimats éternels couronnent l'horison ;
De neiges, de glaçons une immense étendue
      De toutes parts frappe la vue.
Là jamais une fleur , un arbuste , un gazon,
      Où nul être vivant n'habite ,
      Une héroïque charité
      Et l'amour de l'humanité
      Ont retenu le Cénobite.
      Lors des terribles ouragans ,
      Quand la neige , dans les vallées ,
Portée en tourbillons , ou roulée en torrens ,
      Tout entières les a comblées ;
   Quand des sentiers la trace a disparu ,
Que rochers, cavités , abîmes , tout s'efface ;
      Qu'il ne s'offre à l'œil éperdu
      Qu'une mobile et trompeuse surface ;
Le solitaire alors de ses chiens escorté ,
   Bravant du froid la piquante âpreté ,
      Sort de son humble retraite.
      Non moins hardis et généreux ,
      Et par un instinct merveilleux
      Ses chiens guidés , marchent en tête.
   Foulant la neige , à côté , devant eux ,
Des sentiers disparus ils retrouvent la trace ,

4

Et des gouffres marquant la place ,
Indiquent l'endroit sûr et l'endroit dangereux.
Si quelque voyageur surpris par la tempête ,
Par les tourbillons terrassé ,
Ou par le froid mortel glacé
Gît sous la neige : alors le chien s'arrête ,
Devinant ce qu'il ne peut voir.
Sous la masse légère , il se creuse une voûte ;
Et jusqu'au malheureux, bientôt s'ouvre une route
Aux secours qu'il peut recevoir.

Historiens , Orateurs , et vous messieurs les Poëtes , c'est ici que je vous attends ; c'est ici qu'il faut déployer la pompe de votre imagination , pour offrir à l'admiration de la postérité , l'Armée Française traînant gaîment son artillerie à travers une montagne que le voyageur isolé ne passe qu'en tremblant. Moi qui écris pour mes contemporains , je suis dispensé de leur apprendre ce qu'ils savent aussi bien que moi.

Qui s'avance ? c'est *Bonaparte* , marchant à petits pas, de peur de glisser sur la neige. Je m'adosse contre un mur de glace : il passe , suivi de quelques officiers. . . . . .

Ma foi, l'équilibre lui manque.... le voilà
tombé et roulant sur le derrière.... « Mes-
» sieurs, que faites-vous là sur vos
» jambes? Allons, vite, le cul par terre...
» Bon, je vous y vois..... On ne fait pas
» mieux sa cour. »

« Les soldats qui vous suivent, sont
» trop gauches pour vous imiter. Entendez-
» les, ils rient aux éclats..... Vous êtes
» sérieux !.... Mais regardez le Premier
» Consul, il rit encore plus fort. Riez donc
» aussi. »

C'est ce qu'ils firent.... Le rire, de proche en proche, gagna toute la ligne, et fut
répété par les échos du St.-Bernard : ce qui
sûrement leur arrivait pour la première fois.

Du pied du St.-Bernard à la cité d'Aoste,
ce ne fut qu'une promenade. L'ennemi nous
vit venir ; et se sauva, bien sûr que c'étaient
nous.

La première chose qui s'offrit à nos yeux
à notre entrée dans Aoste, ce fut une pro-

cession. Je crus voir une file de masques sortant du bal de l'opéra. Vous imaginez, peut-être, que nos étourdis de Français vont empêcher le bon dieu de passer tranquillement son chemin. Et bien, vous avez tort: ils sont si changés ! admirez l'influence secrète et puissante de cette sagesse politique, qui naguère avait son rang parmi les crimes d'état, et apprenez ce que le soldat Français fit à Milan.

> Là j'ai vu nos fiers bataillons
> Tout armés, en grande tenue,
> Dans les églises, dans la rue,
> Servir d'escorte aux processions. ...
> Je souriais de voir nos braves,
> Silencieux et des plus graves,
> A genoux, fort dévotement,
> Devant le très-saint sacrement ;
> Tandis que près d'eux, leur musique,
> Saisissant au mieux l'à-propos,
> Devant les Milanais dévots,
> Jouait en façon de cantique:
> *J'ne t'ai jamais vu commère,*
> *Faire tes bamboches, etc.*

On sait que *Bonaparte*, à son retour à

Milan après l'affaire de Marengo, assista à un *Te Deum*, avec tout son état-major. Les journaux l'ont dit : ce qu'ils n'ont pas dit, c'est que le Prévôt, à la tête de son chapitre, vint le prendre à l'entrée de l'église, et lui demanda comment il voulait être reçu. *Come l'Imperatore*, fut la réponse de *Bonaparte*. Il crut apparemment que le Premier Consul de la République pouvait aller de pair avec un Empereur. Il est plus d'un Français assez impertinent pour n'en pas douter. Peut-être n'était-ce pas l'avis du Chapitre de Milan : mais quand on a vaincu à Marengo, on se passe aisément de l'avis d'un chapitre.

> Tambours, fusiliers, caporaux,
> Sapeurs, officiers, généraux
> Rendirent de leur mieux grâce à la providence
> Qui leur avait permis de vaincre à Marengo ;
> Et le Premier Consul de France
> Fut encensé par le Prévôt.

Que fais-je. Il s'agit bien des processions de Milan ! nous n'y sommes pas encore. Et le fort du Bar qui ne veut pas se rendre !....

Il ne veut pas se rendre ? Il faut le tourner. Oui, mais comment ? . . . . . une montagne à pic, ou peu s'en faut, est la seule voie qui mène de l'autre côté. La seule ? partant, point de choix à faire. Gravissons la montagne à pic, l'Armée de Réserve ne s'arrête pas.

Voyez-vous l'état-major des fourrages s'avançant dans le défilé qui mène à la montagne ? Le canon ronfle, chaque coup qui retentit à notre oreille, nous rend attentifs et sérieux.

Le tambour bat aux champs. C'est *Berthier* qui s'avance au galop. Il nous regarde, rit et passe son chemin. Qu'avons-nous donc de si plaisant pour faire rire monsieur le Général ? C'est une question que je fais à mon voisin, et ce voisin est notre d........r de C.........é. Tout en le questionnant, je remarque son costume. Ce costume n'est pas tout à fait militaire, et peu s'en faut que je ne rie comme monsieur le Général.

Un habit nacarat , trame de Silésie ,
Gilet de basin blanc , culotte nanquinet ,
   Gants de fil blanc , bas violet ,
Une canne à la main , au bras le parapluie ,
   Boucles d'argent en carré long ,
   Aux deux poignets double manchette ,
   Cravatte de mousselinette ,
   Une grecque et le chapeau rond :
Voilà du cher monsieur le portrait véritable.
Tel de la Rue aux Ours le Bourgeois vénérable ,
   Le jour de Pâque ou de la Fête-dieu ,
   Marche en famille à la messe à St.-Leu.

On peut avoir cet air là , et être le meilleur homme du monde. Témoin notre cher d.......r. Mais je n'ai pas le tems de faire un éloge. Souffrez que je sois tout entier au péril qui nous menace. Le canon du fort bat le pied de la montagne qu'il nous faut gravir. Un soldat vient d'avoir la cuisse emportée presque sous mes yeux. Jugez de ce que je crains et pour mes camarades et pour moi. Que fais-je alors ? j'entreprends de leur faire rebrousser chemin, J'invoque le génie de la peur ; et , tout-à-coup , je trouve , sans les chercher , les plus belles choses du monde.

Je fus véhément, pathétique.
G....t le sénateur et C.....r le tragique
Jamais n'ont péroré plus chaleureusement,
  Jamais sur-tout, plus inutilement.
Messieurs, dis-je, souffrez que ma voix vous retienne.
De grace, écoutez-moi. Votre cause est la mienne.
  Je ne vois point dans ma commission,
Que je sois obligé d'affronter le canon.
  Ordres de service, inventaires,
  Procès-verbaux et circulaires,
Tant que l'on veut, j'en fais : car c'est là mon métier.
  En m'employant, l'État a dû s'attendre
A trouver un commis, plutôt qu'un Alexandre.
Que me reviendra-t-il d'avoir fait le guerrier ?
  Et supposé qu'un boulet malhonnête
M'effleure brusquement l'estomac ou la tête,
Ira-t-on sur ma tombe attacher le laurier ?
Point du tout, on rira de ma comique audace ;
On dira : c'est sa faute, était-ce la sa place ?
  Et vu son état, il fallait
Qu'il cherchât du fourrage, et non pas un boulet.

Ce morceau d'éloquence ne servit à rien.
Je le cite pourtant, il ne faut pas que les
belles choses se perdent. Combien d'orateurs
confient au public les discours que leurs
collègues n'ont pas voulu entendre ! Je fais

comme eux , au risque de n'être pas lu ;
disgrace si commune, qu'on a cessé d'en
rougir.

Mes téméraires compagnons ne m'ont point
écouté. Ils s'élancent au devant des boulets
et des obus. Je les suis : que dis-je , les
suivre ! aussi prompt à braver le péril, que
j'avais été porté à l'éviter , je les précède,
je cours, je ne respire que sur la cîme de
la montagne.

Là , notre garçon de bureau fait l'appel ;
il est vérifié que chacun de nous a conservé
ses bras, ses jambes et sa tête ; et nous des-
cendons en triomphe dans les plaines du
Piémont , sans autre danger que celui de
nous casser le cou : ce qui, pourtant , ne
nous arriva point.

Quel site délicieux ! ô le charmant village !
c'est St.-Martin. Hélas ! il est désert : les
maisons sont abandonnées , démeublées : rien
à manger , rien à boire. Désolante mésa-
venture, après une journée aussi chaude !

A chercher où dormir tristement occupé,
    Très-las, et n'ayant point soupé,
    J'apperçois un réduit bien sombre.
Je m'y glisse : à l'instant un compagnon m'y suit.
    Tous deux nous allongeant dans l'ombre,
    Bientôt le sommeil nous surprit.
Mais, hélas ! un essaim de puces piémontaises
    Sur nos pauvres corps s'abattit.
Quelles puces, grands dieux ! ah ! jamais les françaises
Ne sont de cette ampleur ni de cet appétit !
    Nous cernant en troupes légères,
    De Mélas ces auxiliaires
Pompèrent notre sang, des pieds jusqu'au menton.
    Mais au poste plus immobiles
    Qu'un Spartiate aux Thermopyles,
    Jusqu'au matin nous tinmes bon.

    Nous en sortîmes enfin, le corps baissé,
la tête la première ; et tout en sortant,

    Nous nous trouvâmes en présence
De deux gros chiens, tout prêts à se fâcher.
    Car nous avions eu l'insolence
    De prendre leur chambre à coucher.
De déloger sans résistance aucune
Bien nous en prit : convenez avec moi
    Qu'il est dur, ayant un chez soi,
    De dormir au clair de la lune.

C'est ce qu'avaient fait messieurs les chiens. Ils grondèrent en nous voyant passer, et allèrent prendre notre place , ou plutôt la leur.

Enfin nous voici dans les plaines du Piémont ! Enfin je commence à respirer à l'aise ! Il était tems. Ces monts , ces rochers, ces neiges, ces torrens , tout cela , à la longue , devient monotone et fatigue. J'avais sur l'estomac le mont St.-Bernard tout entier. *Buffon* a dit quelque part : « Il n'y a rien » de beau ni de terrible que de loin : » vérité heureuse et désolante, qui trouve ici son application.

L'ennemi court devant nous , chassé par des escarmouches, plutôt que par des combats. Nous le laissons à côté , derrière ; nous dépassons Ivraye, et nous gagnons Verceil, ville que je n'ai garde d'oublier : j'y ai trouvé un bon soupé et un lit excellent. Mais comme si le diable conspirait contre mon repos, à peine commençais-je à sommeiller :

Soudain la ville est en alarmes :
Soudain j'entends crier : « aux armes :
L'ennemi vient en force : il faut partir ».
Le tambour bat, et nos Français de fuir
   Frappés d'une terreur panique.
Fis-je comme eux ? non pas en vérité.
Fort chaudement dans mon lit je restai.
Et bien je fis : ce sang froid héroïque
   Une bonne nuit me valut,
   Et l'ennemi point ne parut.

Quand je dis que les Français s'enfuirent, il est bon d'ajoûter que ce ne fut pas en arrière, mais en avant, droit sur Novarre, et de-là sur le Tesin.

J'arrive au moment où le passage commence à s'opérer. Malgré la rapidité du torrent, malgré le feu terrible des Autrichiens, malgré le petit nombre et la petitesse des batelets, en peu d'heures, nos braves sont maîtres de l'autre rive.

Où est *Bonaparte* ? ah ! je l'apperçois sur la hauteur, étendu sur le gravier, entouré de Généraux et d'Aides-de-camp. Approchons. Quel est ce petit personnage, en uniforme

de. . . . . , assis un peu plus haut,
derrière le Consul? Comme il est inquiet,
agité! Il avance, il recule, il se soulève, à
peine respire-t-il Je devine qu'il veut se faire
remarquer. Allons, *Bonaparte*, ayez pitié
de lui; tournez la tête:

Je crois le voir encore, un papier à la main,
Paraissant crayonner et ne crayonnant rien;
Entre l'idole et lui, pour rétrécir l'espace,
Doucement du gravier effleurer la surface;
    Tousser un peu, parler tout bas,
Et quêter un regard qu'on ne lui donne pas.
    Il fait pourtant un effort sur lui-même;
L'apprentif courtisan, tour-à-tour rouge, blême,
    Le corps en arrêt, entreprend
D'aventurer un mot sur sa bouche expirant.
    Il va parler.... sa phrase est toute prête....
Sa bouche s'ouvre: un mot à demi prononcé...
    Mais le Consul vers lui tourne la tête.
    O ciel! mon homme est terrassé;
    Et le voilà retombant en arrière,
De ses mains, de ses yeux, ne sachant plus que faire,
Tantôt la tête en l'air, tantôt le cou baissé,
Eperdu, sans couleur, muet, comme en extase,
    Et vainement cherchant sa phrase
    Dans son cerveau bouleversé.

Le croira-t-on ? Ce courtisan peureux faisait trembler, en 1793, une des premières villes de France, et en imposait aux représentans eux-mêmes. Je m'arrête..... de peur qu'on ne me dise son nom (*).

Au surplus, ceci soit dit sans effaroucher la fierté républicaine de tels ou tels personnages que je vénère infiniment, cette journée m'a rappelé ce vers qui, peut-être, est de moi.

Les acteurs ont changé : mais c'est la même pièce.

L'armée a franchi le Tésin. L'artillerie et les bagages ont le pas sur nous. Il est décidé que nous ne gagnerons l'autre rive que le jour suivant.

Le tems est sombre. Un orage lointain commence à gronder, sans que nous ayons d'autre abri que le dessous de notre fourgon.

(*) Quelques jours après cette scène, monsieur, ou le citoyen N..... disait à qui voulait l'entendre, qu'il avait eu une demi-heure de conférence avec le premier Consul.

Nous voilà , nouveaux Robinsons ;
Coupant les arbres par tronçons ,
Et cernant le fourgon de pieux et de feuillage :
Par le besoin créés industrieux ,
Un réduit sombre et spacieux
Nous met bientôt à l'abri de l'orage.
Nos sacs de nuit tiennent lieu d'oreiller ,
Et nos manteaux de couverture.
On dort assez mal sur la dure :
On était mieux jadis au lit d'un Prébendier.

Nos provisions de bouche sont à l'unisson
de notre chambre à coucher. Un de la bande
s'est détaché pour aller acheter ou marauder
dans un village voisin : Mais il est tard : il
ne faut plus compter sur lui.

Nous avons pour toute pitance ,
Cinq ou six biscuits vermoulus
Et de l'eau fraîche en abondance.
Près d'un grand feu tristement étendus
Nous grignotons ; faisant un saut de joie,
Un de nous tout-à-coup , s'écrie : — « Attention,
Messieurs ; c'est un sauveur que le ciel nous envoie ;
Je ne me trompe pas : non, c'est lui , c'est *Surdon* ». (*)

(*) Mes camarades n'ont pas oublié Monsieur *Surdon-de-la-Correterie.*

— Chacun de se lever : on court, on l'environne,
    A l'envi chacun le questionne :
— Qu'as-tu dans ce mouchoir ? — Mes amis, un dindon.
        — Un dindon ! le charmant garçon !
— Un dindon tout roti. — Qu'à propos il arrive !
        Le pourvoyeur est embrassé,
        De son fardeau débarassé ;
        D'une façon expéditive,
    En un clin d'œil, le dindon dépecé
    Est partagé, mangé, rongé, sucé.
Qu'on répare avec joie une longue abstinence !
L'estomac bien lesté, tous remplis à la fois
        Du dindon, et de reconnaissance
        Pour la céleste providence
Qui n'abandonne pas ses enfans aux abois,
        Sous le fourgon en diligence
        Gaiment nous allons nous tapir,
        Et jusqu'au lendemain dormir.

Les Français sont à Milan, on les reçoit comme des libérateurs. Pouvait-on les recevoir autrement ? Mais, ce n'est pas encore l'instant de chanter victoire. L'ennemi recule, il n'est pas abattu.

Marcher à Pavie, prendre son artillerie formidable, passer le Po, battre les Autrichiens à Montebello , les repousser sous les murs d'Alexandrie , tout cela est l'ouvrage de quelques jours.

Nous, volant sur les pas du vainqueur, nous expédions , à droite , à gauche , en avant , des inspecteurs , des gardes-magasins; gens fort essentiels à la guerre , mais dont on médit un peu , comme on le fait de tout ce qui est utile et grand dans le monde.

Le quartier général est à St.-Juliano. Quittons Castel-Nuovo au plus vîte , passons la Scrivia : on ne se bat pas sans nous. La Scrivia a un pont magnifique. Il mérite d'être connu :

De l'une et l'autre rive une planche mobile
Repose sur un roc au milieu du courant.
    Sur ce pont étroit et mouvant
    Il faut s'avancer à la file.
Pour peu que l'on chancelle , ou que le pied fléchisse ,
    La planche s'écarte , elle glisse :
    Dans l'eau voilà le pont flottant ,
Et si l'on sait nager , on peut en faire autant.
Sinon, l'on va gagner le fond de la rivière.
C'est ce qui m'arriva : mon honnête confrère ,

Le directeur à l'habit nacarat,
Qui, pas-à-pas, me suivait en arrière ;
Culbute aussi, battant un entre-chat ;
Et nous voilà tous deux dans l'eau jusqu'au derrière.

Nous rimes beaucoup de l'aventure, et le soleil nous sécha.

Mais tandis que je m'arrête à des événemens frivoles, l'Armée Française marche à pas de géant à la rencontre de l'ennemi. Suivons la, c'est pour la Paix qu'elle combat, c'est la Paix qu'elle veut conquérir.

Est-il une plus noble cause ?
Viens, Muse ! et vole à Marengo.
Là tout chef en soldat s'expose,
Là tout soldat est un héros.
Vois-les, criblés par la mitraille,
Resserrer leur rangs de bataille !
Ces Grenadiers sont des remparts.
Grands dieux ! la victoire balance ;
Regarde, l'ennemi s'avance,
Il fond sur eux de toutes parts.

Tels soulevés par les orages,
On a vu les flots écumeux
Heurter en grondant nos rivages
Et reculer, plus furieux.

Tel, plein d'une ardeur meurtrière,
Sur la Phalange Consulaire
On voit l'Autrichien s'élancer.
Son immobilité l'étonne :
C'est *de Granit* (*) *une Colonne*
Qu'aucun choc ne peut renverser.

Hé quoi ! le sang de tant de braves
Sans fruit serait-il répandu !
Croit-on encor nous rendre esclaves !
N'avons-nous pas assez vaincu ?
Aux plaines de la Germanie ,
Aux champs brûlans de l'Ausonie ,
La victoire suit le Français.
Quelle aveugle et jalouse rage
Refuserait à son courage
Et l'Indépendance et la Paix !

La Paix ! Déité consolante !
La Paix ! premier bien des mortels !
Quelle est donc la main bienfaisante
Qui doit relever tes autels !
Hâte-toi , la France t'en prie :
De *Mars* que la sombre furie

(*) L'intrépidité de la Garde des Consuls , à la journée
de Marengo , lui a mérité le sur-nom de *Colonne de Granit.*

Cède à ton magique pouvoir.
Point de Paix, point d'État prospère :
La Liberté n'est que chimère ,
Et le bonheur, un vain espoir.

Je m'arrête. Le sujet m'en impose, et je l'abandonne à une Muse plus hardie.

L'histoire ne t'oubliera pas , illustre *Desaix* , toi que je vis une heure avant ta mort , calme et modeste comme tu le fus toujours , allant au feu, de l'air dont on va dîner.

Je laisse à d'autres voix à vanter ton courage.
C'est du soldat Français le commun appanage :
Tu bravas le trépas sans crainte et sans effort.
Ta gloire est dans ta vie autant que dans ta mort.
Desaix ! qui nous rendra ton ame généreuse,
Ta probité sans morgue , aux Pillards onéreuse.
Où retrouver ailleurs ces modestes vertus
Qu'on exalte beaucoup , que bien peu l'on imite !
A nous les rappeler , que ton exemple invite !
Sers encor ton pays, même quand tu n'es plus.
Guerriers, Hommes d'état, voulez-vous que l'histoire,
Sans tache, à nos neveux offre votre mémoire;
Qu'avec un saint respect votre nom prononcé ,
Par des noms plus fameux ne soit pas éclipsé ;

Qu'il devienne à jamais l'emblême de la gloire,
Le chemin est ouvert, *Desaix* vous l'a tracé.

Vous souriez malignement , mon cher lecteur ! je vous devine , et je vais au devant de votre question. Où étiez-vous pendant la mêlée ? N'est-ce pas ce que vous allez me demander ?

Si je réponds , sur le champ de bataille : vous ne le croirez pas. Plus assuré de ma prudence que de ma bravoure, il me semble vous voir chercher dans votre imagination à qui me comparer. Ne vous gênez pas, je vous laisse le champ libre : voyons, direz-vous ? . . . . . .

Quand le docile Israélite,
Par fanatisme valeureux ,
Courait s'escrimer de son mieux ,
Contre le fier *Amalécite* , (*)

(*) Je me trompe peut-être sur le nom du Peuple contre qui se battaient les Hébreux, lorsque leur Prophète se mit en oraison pour leur procurer la victoire ; qu'on me le pardonne, l'exactitude historique n'est pas ici d'une rigoureuse nécessité.

Moïse au ciel levant les bras,
L'air pénitent, genoux en terre,
Fort prudemment loin de l'affaire,
Invoquait l'Ange des combats :
Et pour s'épargner l'embarras
D'aller disputer la victoire,
A prier Dieu pour ses soldats
Modestement bornait sa gloire.

La comparaison cloche, mon cher lecteur :
Permettez-moi de vous observer que je n'ai
rien de *Moïse*, ni la puissance, ni les cornes.
Un directeur de correspondance n'est point
un général; et nos généraux, vous le savez,
ne sont pas des *Moïses*. Ainsi à une autre,
s'il vous plait.

Quand deux frégates ennemies,
Par l'abordage réunies
Vont se livrer un combat meurtrier;
Aussitôt, loin de la scène tragique
Vous voyez fuir le cuisinier,
Et l'écrivain, et l'aumônier,
Gens d'un naturel pacifique
Et peu d'humeur à guerroyer.
Aimant la gloire, un peu moins que la vie,
Leur premier soin est d'aller se cacher.
Au fond de cale ils vont se retrancher

Mourans de peur ; et font de la charpie ;
En attendant, pour sortir d'embarras ,
Qu'on soit vainqueur, ou bien qu'on coule bas.
Tel, etc. , etc. , etc.

Je vous entends : passe pour celle-ci : au
poste que j'occupe, on peut, sans se com-
promettre, faire le pendant d'un aumônier.....
Si je disais la vérité pourtant...... mais
non , vous croiriez que je me vante. Qu'im-
porte au surplus, et ce que je pensai et ce
que je fis, tant que dura la bataille : elle
est gagnée.

Nous triomphons ; le sentiment de
nos pertes , celui de nos dangers cèdent à
l'ivresse de la victoire. Nous avons oublié
que, pendant plusieurs heures , il avait été
mis en question, si on se laisserait tuer ou
prendre , ou si l'on irait se noyer dans le
Pô. On ne songe plus qu'à jouir , et pour
jouir , il faut retourner à Milan.

Déjà nous avons gagné les environs de
Tortonne. Le commandant du fort qui n'était
pas aussi pressé de le rendre que nous d'y

entrer, faisait tirer sur ceux qui approchaient à la portée du canon. Il y avait pour supplément, à quelque distance de la place, une troupe de paysans armés qui détroussaient les passans, et les tuaient pour les empêcher de se plaindre.

Vérification faite de nos munitions de guerre et de notre artillerie, nos armes offensives et défensives consistent en deux sabres qui n'ont pas le fil, ainsi que dans une très-jolie paire de pistolets que mon confrère le D.......r de C.........é a dans la poche de son gilet de basin : lesquels pistolets tueraient leur homme à bout portant, s'il n'avait pas oublié de les charger. Mon confrère, qui est un homme d'ordre, ne manque ni de balles ni de poudre ; mais il a eu la précaution de les enfermer dans sa malle ; et sa malle, par précaution aussi, est restée à Milan.

Par bonheur, le ciel qui veille sur nous, permet que nous soyons prévenus à tems du danger qui nous menace.

Sur cet avis salutaire ,
Nous tinmes conseil de guerre :
Chacun de nous opina ,
Pour mettre à l'abri sa tête ,
Qu'il fallait battre en retraite ;
Et vite on s'en retourna.

Nous nous repliâmes en bon ordre sur Salé , et , pour nous venger de ce petit contre-tems , nous fimes, tout le long du chemin , un terrible abbattis de mûres blanches, au risque de gagner la fièvre.

Le lendemain , le commandant du fort se mit à la raison. Nous fimes notre entrée à Tortonne , et , bientôt après, il nous fut permis de retourner à Milan.

Enfin , mes chers camarades , nous voici à portée de nous dédommager des périls et des fatigues de la guerre. Aimez-vous les glaces ? on les fait exquises à Milan. Les spectacles ? vous avez des acteurs détestables, mais une salle superbe ; des pièces qui n'ont pas le sens commun , mais des décorations magiques ; un orchestre des plus faibles ,

(5o)

mais une musique délicieuse , bien que mal exécutée.

Aimez-vous les dames ? vous rencontrez des *R......i* au coin des rues de Milan , comme à Paris des commissionnaires. Fi ! l'horreur !.... j'en conviens : pardon , mes amis, ceci ne s'adresse point à vous.

Vous êtes un peu difficiles, un peu délicats? Ah ! tant mieux. C'est ainsi que je vous aime. Faites-vous introduire dans la bonne société. Les dames du haut parage sont accessibles : elles ont appris , sans s'effa-roucher, que les Français vont au pas de charge à la victoire. *Bellone* favorise les coups de main, et *Vénus* les excuse.

Vous êtes de singulières gens, disais-je , un jour , à un Italien. Les Russes vous pillent et vous assomment ; les Allemands vous pillent et vous battent ; nous du moins... ....., nous vous faisons des politesses : et pourtant, vous aimez mieux les Allemands et les Russes. Pourquoi cela ?

C'est que nos femmes vous aiment trop, me répondit l'Italien : cela console , mais cela n'est pas sans danger.

Si c'est un bonheur de leur plaire ,
Il est , dit-on, par fois un peu cher acheté !
On satisfait sa vanité ,
Mais le nectar est bû dans une coupe amère.
Amis, tenez la bride à vos tentations ;
Croyez-moi, près de femme honnête
Il est rare qu'on se permette
D'insolentes précautions.
Le respect nous prescrit de manquer de prudence ,
Ne vaincre qu'à demi , ce serait outrager.
Et l'on court sans armure au plus fort du danger,
Pour obéir à la décence.

Si ceci ne paraît pas assez positif, approchez, je vous en dirai davantage à l'oreille.

Enfin ma campagne est finie ,
Et bornant mes faits glorieux ,
J'arrive en poste d'Italie,
Léger d'argent, sans place et mal aux yeux.